Conrad K. Butler

LE MONDE DES VOITURES

pour enfants

Alfa Romeo

Alfa Romeo est une marque italienne prestigieuse qui produit des voitures de sport. L'entreprise a été fondée par Alexandre Darracq en 1906 à Portello près de Milan, où se trouve aujourd'hui le siège social de l'entreprise. Tout au long de son histoire, elle a produit, entre autres, des trolleybus et des véhicules tout-terrain, cependant, ce sont les modèles sportifs qui ont fait la renommée de la marque. Les modèles marqués du symbole QV (Quadrifoglio Verde - trèfle vert à quatre feuilles) garantissent en particulier que le cœur bat plus vite. Alfa Romeo a été la première marque à utiliser, entre autres, l'injection directe de carburant à rampe commune (1997), le calage variable des soupapes (1980), un moteur à allumage commandé avec deux bougies par cylindre (1914) et une boîte de vitesses à 6 rapports dans un modèle de série (1967).

Aston Martin

Aston Martin est un constructeur britannique de voitures de sport et de luxe. La société a été fondée en 1914 par Lionel Martin et Robert Bamford à Gaydon. Ces voitures se caractérisent par une ligne élégante, un équipement riche et une attention aux moindres détails. Le caractère unique est ajouté par le fait que toutes les voitures de la marque britannique sont assemblées à la main. La fiabilité de la fabrication est attestée par le fait qu'env. 75% des voitures vendues sont encore utilisables. La plupart d'entre nous connaissent ces voitures exclusives grâce aux films sur les aventures de l'agent secret britannique James Bond. Non sans raison, car différents modèles d'Aston Martin sont "apparus" en 10 parties !

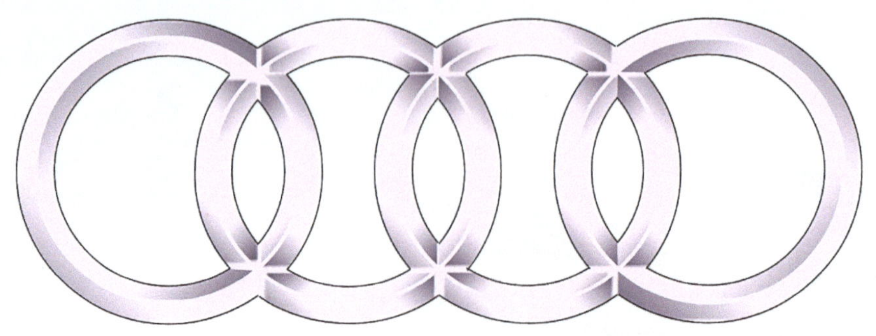

Audi

Audi commence son histoire au début du XXe siècle lorsqu'en 1910, August Horch fonde son entreprise après de nombreuses complications. Les quatre anneaux symbolisent la fusion de 4 marques en 1932 : Audi, Horch, Wanderer et DKW. La devise bien connue de la marque "L'avantage par la technologie" est apparue pour la première fois en 1971. À chaque étape, les ingénieurs allemands ont essayé de nous convaincre de l'exactitude de ce dicton. En mars 1980 à Genève, Audi présente la première voiture de tourisme au monde à 4 roues motrices - le modèle Quattro. En 1985, Audi était le deuxième constructeur automobile au monde, après Porsche, à produire des carrosseries entièrement galvanisées.

IN·Q5251
45 TFSI
IN·R8250

Bentley

Bentley est un constructeur britannique de voitures de sport de luxe basé à Cheshire, Crewe. Son fondateur en 1919 était Walter Owen Bentley, qui rêvait de construire une voiture de course imbattable dans sa catégorie. Il a présenté sa première voiture, la Bentley 3 litres, en 1921, mais il a fallu 3 ans pour voir son succès lorsqu'il a remporté la course du Mans. En 1931, la marque est rachetée par Rolls-Royce. Les modèles d'après-guerre, à part quelques cas, n'étaient que des versions sportives de la Rolls-Royce jusqu'aux années 1990.

BMW

BMW est l'une des marques de voitures les plus populaires aujourd'hui. Cependant, les ingénieurs allemands n'ont pas conçu les voitures dès le début. L'usine a été fondée en 1913 par Gustav Otto et Karl Rapp et a d'abord été impliquée dans la production d'avions et de motos. A cette époque, le logo de la société BMW a été créé, qui montre un cercle stylisé de l'hélice aux couleurs de la Bavière. Ce n'est qu'en 1929 que BMW a construit sa première voiture produite en série - la BMW 3/15. L'entreprise doit son plus grand développement à Eberhard von Kuenheim. Il a rendu BMW important non seulement en Europe mais dans le monde entier. Grâce à la sortie de modèles tels que le 3.0 CSL, M1 ou M3 E30 par le département BMW Motorsport, notre pouls s'est envolé plus d'une fois.

Bugatti

Bugatti est un constructeur français de voitures de sport et de course exclusives. Le fondateur de la marque en 1909 était Ettore Bugatti. Ses voitures ont remporté presque toutes les grandes courses avant la Seconde Guerre mondiale. Malheureusement, lorsqu'elle a éclaté, Ettore a été contraint d'arrêter la production et, à la suite de sa mort en 1947, il n'y est jamais revenu.
Pour réactiver la marque, l'italien Romano Artioli fonde en 1987 la société Bugatti Automobili SpA à Campogalliano. Il y a une raison pour laquelle le modèle le plus reconnaissable aujourd'hui est le Veyron. La version Super Sport détient le titre de voiture de série la plus rapide.

Buick

Marque américaine qui produit des voitures particulières de luxe. Elle a été fondée en 1903 par le designer et inventeur David Dunbar Buick à Detroit, où le siège social de l'entreprise est toujours situé aujourd'hui et est l'une des plus anciennes entreprises automobiles américaines encore en activité. L'un des premiers propriétaires de la marque fut William C. Durant, entre autres. le créateur de la désormais grande entreprise General Motors, à laquelle appartient Buick. Dans l'offre de GM, il se positionne plus haut qu'Opel, mais plus bas que le fleuron Cadillac. Les trois blasons du logo de la marque font référence aux armoiries de la noble famille du fondateur de l'entreprise.

Cadillac

Constructeur américain de voitures particulières de luxe. La société a été fondée par Henry Leland en 1902 à Detroit. Dès le début, la marque a attaché une grande importance à la qualité de la production, qui était très rentable pour eux, car elle est associée à la plus haute qualité et au luxe à ce jour. Leurs voitures étaient conduites par des chanteurs, des acteurs et, surtout, des présidents américains. Les constructeurs américains ont montré leur innovation presque à chaque étape, installant leurs modèles pour la première fois, entre autres. éclairage électrique, démarreur électrique, moteur V8, climatisation et phares allumés depuis le tableau de bord.

Chevrolet

Chevrolet est une marque automobile américaine appartenant
à General Motors. Elle a été fondée par le pilote automobile et
mécanicien suisse Louis Chevrolet et William Durant. Il existe de
nombreuses versions du logo de l'entreprise, mais la plus probable
est celle où Durant s'est inspiré d'un dessin de papier peint dans un
hôtel français où il a séjourné lors d'un voyage en 1908 et en
a déchiré un morceau pour le montrer à des amis, pensant que
ce serait être une bonne marque de fabrique pour une marque
automobile.

Chrysler

L'une des marques de voitures les plus populaires aux États-Unis. Elle a été fondée en 1925 par Walter Chrysler à Auburn Hills. Chrysler a eu plusieurs succès dans l'innovation du marché automobile. En 1951, un prototype du moteur V8 Hemi a été créé et, pendant de nombreuses années, Chrysler a connu un grand succès - en 1987, elle a acquis American Motor Corporation et en 1998, elle a fusionné avec Daimler-Benz. En plus des voitures particulières, l'entreprise a produit des VUS, des voitures de sport, des camionnettes et des fourgonnettes.

Citroen

La marque française de voitures particulières, de fourgonnettes et de camions a été fondée par l'ingénieur André Citroën en 1919. Les modèles Citroën se sont toujours distingués par leur apparence originale et cosmique, leur intérieur inhabituel et leurs solutions technologiques intéressantes. Beaucoup d'entre eux ont remporté le titre de voiture de l'année, incl. GS (1971), CX (1975) ou XM (1990).

Dacia

Dacia est un constructeur roumain de voitures particulières et de camionnettes. L'entreprise a été fondée en 1966 (bien que ses origines remontent à 1943) à Pitesti, et son nom vient de "Dacia", le nom de la terre habitée par les ancêtres des Roumains. En 1999, la coopération avec Renault a été renouvelée, qui a acheté la majorité des actions de la marque roumaine. L'année décisive pour l'entreprise a été 2004 lorsqu'elle a lancé le modèle Logan. Elle bat tous les records en termes de volume de production Dacia. Depuis, la marque roumaine a connu un renouveau, et ses nombreux modèles trouvent de nombreux clients à travers le monde.

Dodge

Marque américaine qui produit des voitures particulières. Ses débuts remontent à 1897 lorsque les frères John et Horace Dodge ont fondé leur propre entreprise - Dodge Brothers Bicycle & Machine Factory, où étaient fabriqués des vélos et des pièces de machines. Un événement très important pour la marque a été le lancement des voitures équipées du moteur V8 HEMI dans les années 1950. Grâce à lui, la marque a remporté de nombreux succès dans les courses de classe NASCAR. En 1966, ils présentent la Charger - aujourd'hui considérée comme l'une des icônes de la marque. Ainsi, ils ont commencé l'ère des soi-disant "Muscle cars".

SK 068VG

Ferrari

Ferrari est un constructeur italien de voitures de sport de luxe. Le siège social est situé dans la ville de Maranello. L'entreprise a été fondée en 1946 par le légendaire Enzo Ferrari de Modène, qui était pilote de course. Il y a un destrier noir dans le logo Ferrari, qui fait référence à l'emblème de l'avion de Francesco Baracca, un pilote de la Première Guerre mondiale. Le constructeur a connu un grand succès dans le sport automobile, y compris la série la plus prestigieuse - la Formule 1. Les voitures Ferrari ont défini les tendances dans le segment des super voitures de sport. Ils sont en concurrence sur le marché avec des marques telles que Lamborghini, Porsche, Aston Martin et Maserati.

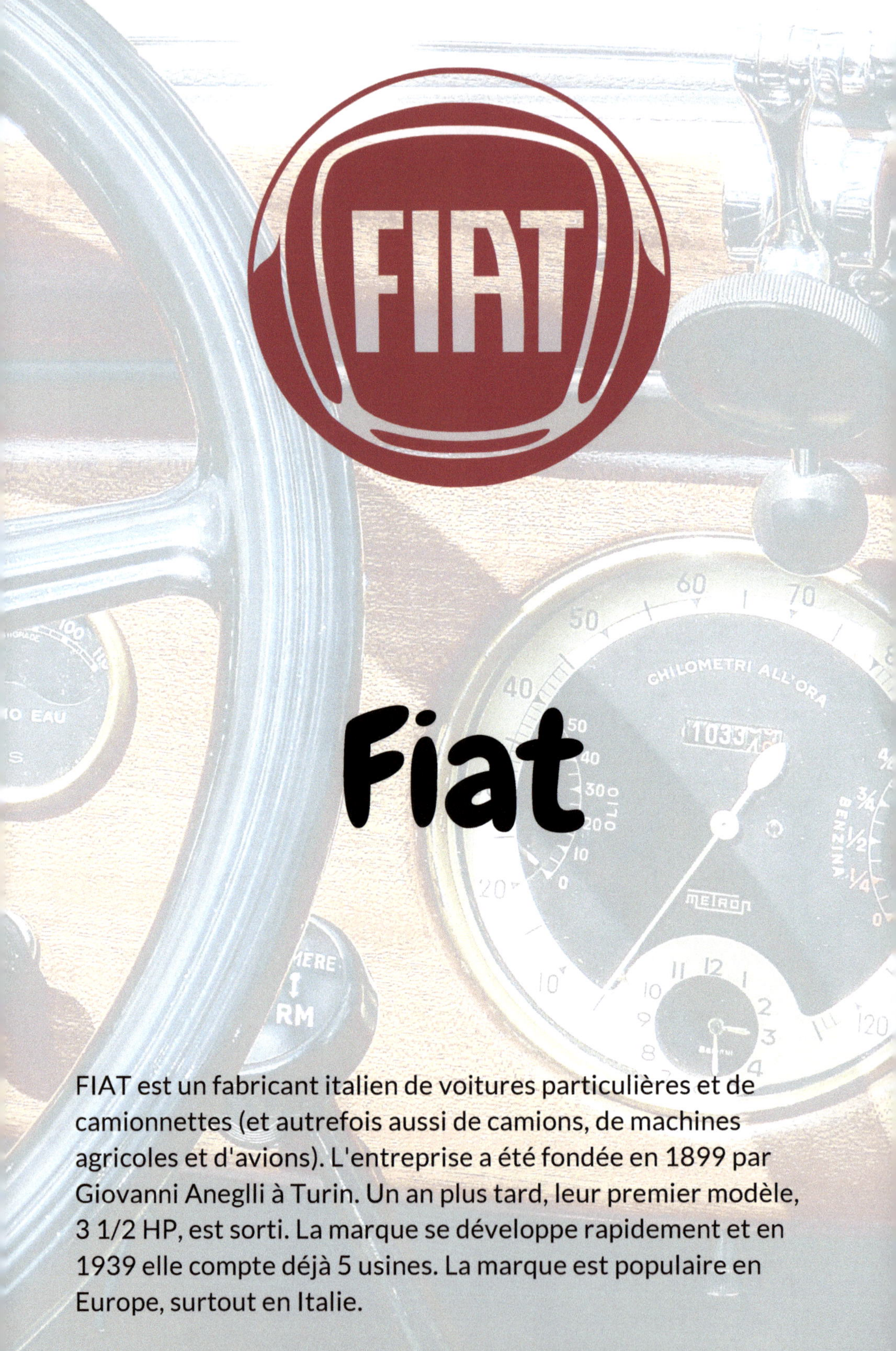

Fiat

FIAT est un fabricant italien de voitures particulières et de camionnettes (et autrefois aussi de camions, de machines agricoles et d'avions). L'entreprise a été fondée en 1899 par Giovanni Aneglli à Turin. Un an plus tard, leur premier modèle, 3 1/2 HP, est sorti. La marque se développe rapidement et en 1939 elle compte déjà 5 usines. La marque est populaire en Europe, surtout en Italie.

Ford

Ford est une société américaine qui produit des voitures particulières, des fourgonnettes et des camions. Elle a été fondée par l'une des personnes les plus importantes de l'histoire de la motorisation - Henry Ford en 1903 à Detroit. Un mois après sa fondation, la première voiture est construite - le modèle A, mais c'est le modèle 1908 T qui a été un véritable succès. Plus de 15 millions d'exemplaires ont été produits pendant 19 ans, c'est pourquoi en 1913, Ford a été le premier au monde à introduire la production de masse, grâce à laquelle une nouvelle voiture sortait de la chaîne toutes les 10 secondes. En 1964, les Américains ont créé l'une des voitures les plus reconnaissables au monde - la Mustang. De lui a commencé le terme "Pony car", une voiture avec une carrosserie compacte, un design sportif et un moteur puissant.

IOI TVM

GMC

GMC est une entreprise américaine qui produit des véhicules utilitaires sport, des VUS et des camions. Les origines de la marque remontent à 1902, lorsque la Rapid Motor Vehicle Company a été fondée par Maks Grabowski, l'un des premiers constructeurs de camions. Pendant la guerre, leur modèle CCKW (d'une capacité allant jusqu'à 2,5 tonnes !) était l'un des camions de base de l'armée américaine. GMC est une marque dont le marché principal est les États-Unis.

Honda est une marque japonaise qui produit des voitures particulières, des fourgonnettes, des motos et des moteurs pour divers types de machines de construction et agricoles. Elle a été créée en 1948 à l'initiative de Soichiro Honda à Tokyo. Le premier véhicule de la marque était un vélo propulsé par un moteur de 50 cm3. En 1971, la Honda Gold Wing a été introduite - la première moto avec marche arrière. Un an plus tard, les Japonais ont décidé de lancer la première voiture compacte produite en série - la Civic. Elle a remporté un énorme succès sur le marché et 9 générations de cette voiture ont été fabriquées à ce jour.

Hyundai

Hyundai est une entreprise automobile sud-coréenne. Ses origines remontent à 1947 lorsque Chung Ju-Yung a fondé Hyundai Engineering and Construction (alors la plus grande entreprise de construction). Ce n'est que 20 ans plus tard que la Hyundai Motor Company a été fondée pour produire des voitures. Le nom signifie modernité dans la langue maternelle (Hyeondae), et le logo symbolise une poignée de main de deux personnes. La première voiture a été construite un an plus tard. Il s'appelait Cotina et était basé sur le modèle Ford - Cortina. L'entreprise développe et modernise constamment sa gamme de véhicules, en se concentrant principalement sur leur fonctionnement sans panne. Dans de nombreux cas, il surpasse ses rivaux d'Europe ou des États-Unis à cet égard.

Infiniti

Marque japonaise de voitures de luxe appartenant à Nissan. Son histoire commence en 1985 lorsque l'idée de créer une marque de luxe de toutes pièces est née. Le nom a été choisi 2 ans plus tard, il signifie "infini". En fait, la création de la marque était la réponse de Nissan à l'Acura (Honda de luxe). La première voiture Infiniti est entrée sur le marché en 1989, tout comme le premier modèle Lexus - une version exclusive de Toyota. Au départ, les Japonais ne vendaient leurs voitures que sur le marché nord-américain.

Q50

96982

Jaguar

Jaguar - Marque britannique de voitures particulières de luxe, fondée en 1922 par Sir William Lyons, mais appelée à l'origine Swallow Sidecar Company et vendait des side-cars pour motos. La première voiture de Lyon, la limousine SS1 à deux portes, fait son entrée sur le marché en 1932. Dans les années 1950, la marque commence à participer à des courses automobiles, dont les 24 Heures du Mans. Un an après la présentation de la voiture de sport typique, la XK120C, Jaguar a remporté sa première victoire au Mans, et la collaboration avec Dunlop a abouti à la création de freins à disque, qui s'est avéré être la recette parfaite pour de nouvelles victoires. De plus, la marque a triomphé en France 5 fois de plus.

JAGUAR
901 UCN
F-TYPE
XFZ 989

Jeep

Jeep

Jeep

Marque américaine de voitures tout-terrain, produite par la société Willys depuis 1941. Au début, ils produisaient leurs véhicules pour l'armée, et après la guerre, ils ont commencé à vendre des voitures civiles. Le prototype - Willys Quad a été construit en seulement ... 49 jours ! À ce jour, c'est l'un des véhicules les plus populaires de la Seconde Guerre mondiale. En 1950, la société Willys a réservé le nom de la Jeep, mais le premier modèle civil est apparu en 1945 - le CJ2A. Il existe de nombreuses histoires sur l'origine de ce nom, dont l'une est qu'il vient d'Eugène la Jeep, un personnage du dessin animé "Popeye", connu pour ses prouesses et son habileté exceptionnelles. En 1962, le constructeur américain introduisit la première transmission automatique dans un véhicule 4x4. C'était aussi le premier modèle 4x4 à suspension avant indépendante, mais les plus populaires étaient les Wrangler et Grand Cherokee.

Kia

La plus ancienne entreprise automobile de Corée produit des voitures particulières et des camionnettes. Elle a commencé son activité en 1944, mais elle a ensuite opéré sous le nom de Kyungsung Precision Industries et était impliquée dans la production de pièces de vélo. Avant la sortie de leur premier véhicule utilitaire en 1962, le K-360, les Coréens produisaient également des motos. Depuis les années 1970, de nombreux modèles Kii ont été construits sous licence de Mazda. En 1997, l'entreprise était au bord de la faillite. C'est alors que Hyundai est venu à la rescousse, en achetant des actions Kia deux ans plus tard et en créant la société Hyundai - le Kia Automotive Group. Actuellement, la marque se développe de manière dynamique et devient un concurrent potentiel pour les marques renommées d'Europe occidentale.

Lamborghini

Lamborghini est une marque italienne qui produit des voitures de sport de luxe et des tracteurs agricoles. L'entreprise est située à Sant'Agata Bolognese, près de Bologne. L'entreprise a été fondée en 1948 par Ferruccio Lamborghini, qui fut le premier à faire fortune grâce à la production de tracteurs. On sait depuis longtemps que le plus grand rival de Lamborghini est une autre marque italienne - Ferrari. L'idée de créer une supercar est née après la querelle de Ferrucci avec Enzo Ferrari. Lamborghini, en tant que personne riche, conduisait une voiture avec une monture noire sur le capot. Cependant, il n'était pas entièrement satisfait de lui-même et lorsqu'il a suggéré des changements à Enzo, il s'est moqué de lui. Ainsi, en 1963, la Lamborghini 350 GTV a été créée avec un moteur V12 qui surpassait les voitures de Modène. 3 ans plus tard, Miura est créée, ce qui rend la marque célèbre dans le monde entier.

Lancia

Lancia - une marque italienne de voitures particulières, fondée en 1906 à Turin par Vincenzo Lancia et Claudio Fogolina. Le premier modèle Lancia était l'Alpha. Dès le début, Lancia a été surprise par des solutions modernes - Theta (1913) a été la première voiture dans laquelle un appareil électrique est apparu. Le modèle Lambda, créé en 1922, est le premier grand succès commercial de Lancia. Parmi les solutions innovantes apparues, d'autres carrosseries autoportantes et suspensions indépendantes aux roues avant. L'Astura (1931) avait une suspension moteur qui réduisait la transmission des vibrations à la voiture, et l'Augusta de 1933 était la première berline à freins hydrauliques.
Les modèles Lancia étaient connus dès le début pour leur élégance et leurs lignes sensuelles. Les fans d'automobiles retiendront surtout des modèles tels que la Stratos, la 037 ou la Delta, à qui la marque doit de nombreux succès en sport automobile et qui reste l'équipe la plus titrée de l'histoire du WRC.

Land Rover

Land Rover est une marque britannique de véhicules tout-terrain fondée en 1948. Initialement, leurs modèles étaient produits par Rover, mais en 1975, Land Rover est devenue une marque indépendante. Le premier modèle était la série I, qui a été exportée dans 70 pays. Il devait être utilisé dans l'agriculture et l'industrie légère, mais l'armée l'utilisait également. 10 ans plus tard, la deuxième génération de ce modèle est apparue et en 1985, un troisième a été fabriqué. Le premier Range Rover voit le jour en 1970. Il était mieux équipé et disposait d'un moteur V8 de 3,5 litres qui lui permettait d'accélérer à 160 km/h (100 mph).
Les modèles les plus reconnaissables aujourd'hui, à part Defender, sont Discovery (créé en 1988) et Freelander (1997).

RANGE ROVER
YVB 153H
DEFENDER
PBS 534

Lexus

Lexus - Marque japonaise de voitures particulières de luxe appartenant à Toyota. En 1983, le président de l'entreprise du Pays du Soleil Levant annonce un projet de création d'une gamme exclusive de voitures pouvant concurrencer les limousines d'Europe occidentale. Le nom de la marque devait être associé au luxe et à l'élégance. La première voiture de sport de Lexus, le modèle SC avec un moteur V8 de 4 litres, a été lancée deux ans plus tard, et le véhicule utilitaire sport LX, basé sur le Toyota Land Cruiser, en 1996. En 2006, la société a été la première à installer un système de stationnement automatique dans son modèle phare LS. Les Japonais ont charmé le jury international avec le spectacle, où le même modèle s'est garé entre les piliers des verres de champagne sans l'aide du conducteur et ils ont décidé de lui décerner le titre de voiture mondiale de l'année 2007.

LEXUS

Lincoln

Lincoln est une marque américaine qui produit des voitures particulières de luxe. Elle a été fondée en 1917 par Henry Leland en hommage au président Abraham Lincoln. En 1922, Lincoln a été acquise par Ford, étant à ce jour la marque la plus luxueuse de l'entreprise Ford et le plus grand concurrent de Cadillac de GM. En 1939, le légendaire modèle Continental est créé, qui compte jusqu'à 9 générations ! Continental a remplacé le modèle Town Car en 2002. Le premier SUV de la marque, l'un des modèles Lincoln les plus reconnaissables aujourd'hui, le modèle Navigator, a été présenté en 1998, et son troisième génération est produite depuis 2007.

Lotus

Lotus est une société automobile britannique qui produit des voitures de sport et de course. Elle a été fondée en 1952 par Colin Chapman, l'un des concepteurs de voitures de sport les plus acclamés de l'histoire. La marque est devenue populaire grâce à la participation à des courses de Formule 1. Lotus y a concouru sans interruption pendant 60 ans, à partir de 1954, remportant sept fois le championnat du monde. Les voitures britanniques se caractérisent par une fabrication simple, une excellente maniabilité et un faible poids. Les modèles les plus célèbres de la marque sont Esprit (1976-2004 ; connu, entre autres, du film James Bond), Elise - produite depuis 1995, Exige - une version plus forte d'Elise, et Evora, qui est entrée sur le marché en 2008.

Maserati

Maserati - une société italienne qui produit des voitures de sport et de course. Les origines de la marque remontent à 1914, lorsque l'un des six frères de la famille Maserati, Alfieri, établit son atelier à Bologne, Officine Alfieri Maserati. Bientôt, le reste des frères l'a rejoint, à l'exception d'un seul - Mario, qui est devenu un artiste et est crédité de la conception du logo de la marque. Il s'est inspiré de la fontaine de Neptune dans sa ville natale. En 1958, le premier modèle routier Maserati est produit - la 3500 GT, et le premier modèle à quatre portes - la Quattroporte en 1963. Les modèles les plus populaires de la marque sont, entre autres, la Quattroporte avec six générations, et la GranTurismo.

MC20

Mazda

Mazda est une marque japonaise qui produit principalement des voitures particulières. L'entreprise est issue de la petite entreprise Toyo Kogyo Co. fondée en 1920 par Jyujiro Matsuda. Dans les années 1960, Mazda a commencé à expérimenter le moteur Wankel, où un piston tournait à l'intérieur d'un cylindre. Ainsi, en 1967, leur premier modèle avec la même moto a été créé - le 110S Cosmo. En 1978, le modèle RX-7 a fait ses débuts, qui a été un grand succès et a atteint la 3ème génération. Ce dernier est particulièrement populaire auprès des tuners du Japon et des États-Unis. Son moteur d'une cylindrée de seulement 1,3 litre et à l'aide de 2 turbocompresseurs génère jusqu'à 280 ch en série ! Mazda a remporté l'un de ses plus grands succès lorsqu'il a présenté le MX-5, un petit roadster à deux places, au monde en 1989. Grâce à son faible poids, son bon équilibre et sa puissance relativement élevée, il procurait une grande satisfaction de conduite.

McLaren

McLaren Automotive (anciennement McLaren Cars) est une division de la société britannique McLaren Group, qui produit des voitures de sport basées sur la technologie de la Formule 1. Elle a été fondée en 1989 par Ron Dennis à Woking, mais une équipe de course de Formule 1 a été fondée en 1963. La première voiture civile McLaren était le modèle F1, présenté en 1991. Elle était équipée d'un moteur V12 de 627 ch et n'avait ni direction assistée, ni servofrein, ni système antipatinage. Tout cela pour obtenir le poids le plus bas possible. Atteindre 100 km/h prenait environ 3 secondes et en 2005, elle a remporté le titre de la voiture de série la plus rapide - elle a accéléré à 386 km/h (239 mph). La marque est en concurrence avec Ferrari, Porsche et Lamborghini.

MCL·F1
MCLa

Mercedes-Benz

Marque allemande de voitures produites par Daimler AG concerne. Les voitures particulières, les fourgonnettes, les camions et les bus sont produits sous l'insigne étoile à trois branches. Ses débuts remontent à 1883, lorsque Karl Benz, Max Rose et Fredrich W. Esslinger ont fondé Benz & Co. Le nom Mercedes vient du nom de Mercedes Jellinek, fille d'Emil Jellink, représentant de Daimler. Les chemins des sociétés Benz et Daimler ont convergé à la suite des changements de l'économie allemande et la société Daimler-Benz a été officiellement créée en 1926. Mercedes se distingue avant tout par la qualité, l'innovation et la sécurité, c'est pourquoi elle est considérée comme l'une des les marques les plus prestigieuses au monde. La marque a également remporté de nombreux succès dans de nombreuses classes de course, incl. y compris la Formule 1.

Mitsubishi

Mitsubishi est une société japonaise fondée en 1870 par Yataro Iwasaki. dans l'industrie aéronautique, l'industrie de la défense et ce qui nous intéresse le plus - l'automobile. Le nom signifie "3 diamants" en japonais et cela se reflète dans son logo. Les fans d'automobiles affectionnent particulièrement la version sportive de la Lancer, Evolution, qui rivalise depuis des années avec une autre légende, la Subaru Impreza, dans le championnat du monde des rallyes. Le populaire "EVO", cependant, n'est apparu sur le marché qu'en 1992, a vu sa 10e génération et sa fin en 2015.

DO·EV09

Nissan

Un fabricant japonais de voitures particulières, de camions et d'autobus appartenant à Nissan Motor Co. Les origines de la marque remontent à 1911, lorsque Masujiro Hashimoto a fondé la société Kwaishinsha à Tokyo. Ce n'est qu'en 1934 que l'entreprise a changé son nom pour Nissan. Après la guerre, l'entreprise a été engloutie dans une crise, d'où l'inquiétude a émergé en coopération avec le britannique Austin. Peu de temps après, Nissan est devenu le deuxième constructeur automobile au Japon. En 1989, Nissan a lancé sa marque de luxe pour le marché américain - Infiniti. Depuis 1999, les Japonais coopèrent avec le français Renault. Les modèles Nissan les plus populaires sont la Micra, Qashqai, Skyline (particulièrement appréciée des tuners et des drifters) et son successeur - la GT-R.

NISSAN
JUKE
SUPER CARS

Opel

Opel est l'une des marques automobiles allemandes les plus populaires. L'entreprise a été fondée par Adam Opel en 1862 à Rüsselheim. Initialement, elle était impliquée dans la production de machines à coudre, et plus tard aussi de bicyclettes. Après le décès du fondateur en 1895, l'entreprise est reprise par sa femme et ses cinq fils. Le premier modèle Opel de sa conception a été fabriqué en 1902 - le modèle 10 / 12PS. En 1989, Opel a été le premier constructeur en Europe à introduire un convertisseur catalytique en équipement de série. Les modèles les plus populaires de la marque allemande étaient, entre autres, Kadett, Corsa, Vectra et Omega. En Grande-Bretagne, les modèles Opel sont vendus sous le nom de Vauxhall et en Australie - Holden.

Peugeot

Entreprise française qui fabrique des voitures, des scooters et des vélos, et dans le passé aussi des camions et des motos.
Elle s'est établie à Sochaux et a été fondée par Jean Pierre Peugeot. La première voiture, la Serpollet-Peugeot, à moteur à vapeur apparaît en 1889, mais ce n'est que le véhicule à moteur thermique Daimler présenté en 1891 qui s'avère être la bonne décision. En 1929, le modèle 201 a commencé une série de marquages à trois chiffres avec un zéro au milieu. Le premier chiffre indique la classe et le dernier chiffre est la série suivante. En 1948, le premier modèle Peugeot 203 d'après-guerre est sorti, qui a été produit jusqu'en 1960. En 1959, un ventilateur de radiateur a été utilisé pour la première fois, préparant les voitures aux embouteillages à venir.

Porsche

Constructeur allemand de voitures de sport basé à Stuttgart. Le fondateur de l'entreprise était en 1931 Ferdinand Porsche, un ingénieur qui avait auparavant acquis de l'expérience chez Daimler. Le premier véhicule portant son nom a été créé dès 1938, mais la première voiture produite en série avec le logo Porsche a été fabriquée en 1948 - le modèle 356. Au début, elle avait de nombreuses pièces en commun (y compris le moteur) avec la populaire Coccinelle, mais avec le temps, elles ont été remplacées par des pièces de sa propre production. Le modèle Porsche le plus populaire - la 911, a été fabriqué en 1963. Il avait un moteur boxer 6 cylindres de sa propre conception à l'arrière. La voiture s'est avérée être un succès mondial, remportant un succès non seulement dans les ventes mais aussi dans le sport. La 911 a été la première voiture à remporter le célèbre rallye Paris-Dakar sans être une voiture tout-terrain. Actuellement, c'est l'une des voitures les plus reconnaissables de la marque.

Renault

Marque automobile française qui produit des voitures et des camions. L'entreprise a été fondée en 1899 par les frères Louis, Fernand et Marcel Renault. Bientôt, d'autres modèles ont été créés, déjà avec des unités conçues par les propriétaires de l'entreprise. Le premier modèle d'après-guerre était le 4CV, et en 1961, il a été remplacé par le modèle 4 le plus long (jusqu'à 28 ans). La Renault 16, quant à elle, a été l'ancêtre des modèles familiaux d'aujourd'hui. C'était la première voiture Renault à remporter le titre de voiture de l'année en 1966. C'était aussi la première voiture au monde avec une carrosserie à hayon. Les titres de Voiture de l'année ont également été remportés par les modèles Clio (1991 et 2006) et Scenic (1996).

WE 7N097
TALISMAN

Rolls-Royce

Fabricant anglais de limousines de luxe. L'idée d'une collaboration entre Charles Rolls et Henry Royce est née en 1904 lors d'un déjeuner. Dès le début, la marque s'est également impliquée dans la production de moteurs d'avions, ce qui a contribué à la division de la marque en deux branches en 1973. En 1906, le modèle Silver Ghost est conçu. Il était équipé d'un moteur six cylindres à soupapes en bas de 7 litres d'une puissance inférieure à 50 CV. Un trait caractéristique de la marque anglaise est une statuette sur le capot - Spirit of Ecstasy, qui est synonyme de richesse et de la plus haute qualité. Dans les derniers modèles, pour des raisons de sécurité, il est caché par un bouton spécial sous le rabat. Aujourd'hui, Rolls-Royce est considérée comme l'une des marques les plus exclusives et les plus luxueuses au monde.

Seat

Seat est une marque espagnole de voitures particulières. Elle a été fondée en 1950 par l'Institut national de l'industrie, un organisme bancaire, et la société Fiat. Ce sont les voitures italiennes qui ont servi de modèle aux premiers modèles Seat. Le premier modèle était 1400, et sa production a commencé en 1953 à Barcelone. En 1980, Fiat a vendu ses parts à l'Institut national de l'industrie, faisant de Seat le premier constructeur automobile indépendant d'Espagne. À cette époque, la gamme de modèles a été fortement modernisée et des modèles tels qu'Ibiza, Marbella et Malaga sont apparus. En 1986, Volkswagen a acheté 51% des actions de Seat. Dans les années 1990, ils sont passés à 99 %, lorsque les premiers modèles sont apparus, dans lesquels la technologie allemande était cachée sous la carrosserie conçue par Giugiaro.

Skoda

Skoda est une société tchèque produisant des voitures particulières. Les origines de la marque remontent à 1895, lorsque le mécanicien Vaclav Laurin et le comptable Vaclav Klement fondent la société Laurin & Klement produisant des vélos, et à partir de 1898 également des motos. Ils ont construit leur premier prototype de voiture en 1901 et la production en série a duré 27 ans. En 1964, Škoda a lancé une voiture familiale - le modèle 1000 MB. Son moteur était situé à l'arrière - l'expérience de voitures telles que la Fiat 600 ou la Porsche 356 a été utilisée ici. La coopération avec Volkswagen a commencé en 1991, lorsque Škoda a rejoint le groupe de la marque allemande. Le premier modèle de la marque tchèque à utiliser la technologie allemande fut Felicia en 1994.

Subaru

Subaru est une marque japonaise de voitures particulières et de camionnettes de livraison. L'histoire de l'entreprise commence en 1953 lorsqu'après la guerre 6 entreprises ont été réunies en une seule appelée Fuji Heavy Industries, symbolisée par 6 étoiles dans le logo de l'entreprise. En 1954, le premier prototype s'appelait P-1, et un an plus tard, le modèle s'appelait 1500. En 1992, le célèbre Impreza était présenté. Colin McRae, au volant, a remporté à plusieurs reprises le titre mondial en rallye, et ainsi la Subaru Impreza est devenue un élément inséparable des rallyes. Grâce à eux, le modèle a gagné en popularité dans le monde entier.

Suzuki

Marque japonaise de voitures particulières, camions, motos et moteurs. L'entreprise a été fondée en 1909 lorsque Michio Suzuki a fondé une usine de matériel de tissage dans la ville balnéaire de Hamamatsu. Après presque 30 ans, Michio s'est rendu compte que son entreprise devait également se développer dans d'autres domaines, alors en 1937, il a commencé à concevoir la voiture et après 2 ans, il avait quelques prototypes. 1970 est une année importante pour la marque. Ensuite, la première génération du modèle tout-terrain Jimmy, qui a été un succès mondial, a eu sa première. En 1983, la vente de la voiture de tourisme Swift d'un litre, qui connaît un grand succès sur le marché, commence.
Le SX4 et le Vitara sont également des modèles populaires.

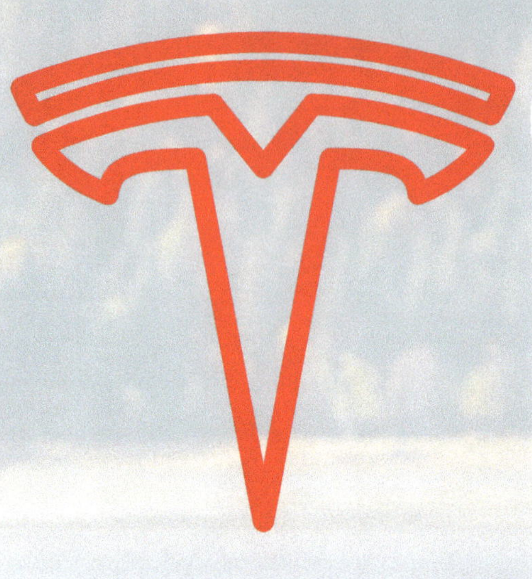

Tesla

Marque américaine de voitures électriques de luxe et de sport. Le nom de l'entreprise vient du nom de Nikola Tesla, ingénieur serbe et inventeur de nombreux appareils électriques. La société a été fondée en 2003 par Elon Musk. Les travaux sur le premier modèle, le Roadster, ont duré 5 ans. En 2008, il a été mis en production. Un an plus tard, un véhicule à carrosserie relevable est présenté. Sur une seule charge, il devait pouvoir couvrir une distance de 300 miles et en même temps avoir des performances sportives. Sa production a commencé en 2012 et le véhicule s'appelait Model S. L'entreprise gagne de plus en plus en popularité en raison de l'électrification de l'industrie automobile.

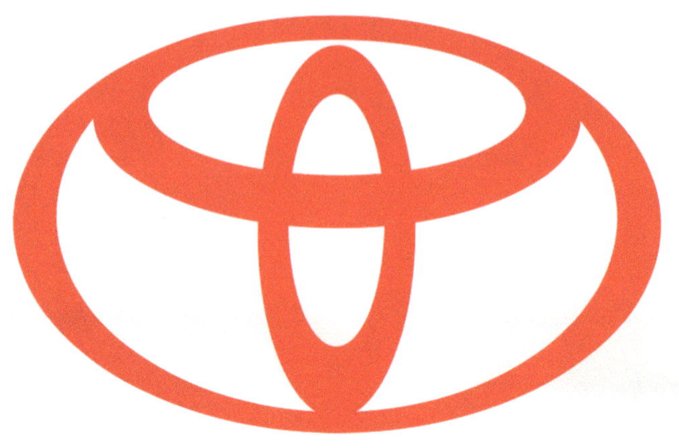

Toyota

Marque automobile japonaise, fondée par Sakichi Toyoda en 1918, et sa société opéraient initialement dans l'industrie du vêtement. Le département automobile a été créé en 1933 et le premier prototype a été créé deux ans plus tard. La production du premier modèle - AA, a commencé en 1936. En 1966, la première génération de l'un des modèles les plus populaires de la marque - Corolla a été créée. En 2013, la 11ème génération de ce modèle a été présentée. En 1992, la quatrième génération du module sportif Supra a été créée, particulièrement appréciée des tuners. En 2014, Toyota a lancé la Mirai, la première voiture à pile à combustible à hydrogène de production au Japon. En 2015, il est également apparu dans certains pays européens. Toyota est l'une des plus grandes entreprises automobiles au monde.

PL
SPOT A WHEEL

Volkswagen

La marque allemande de voitures particulières et de camionnettes appartient au groupe Volkswagenwerk Aktien-Gesellschaft (VAG). Son histoire commence en 1931 lorsque la société Zündapp demande à Ferdinand Porsche de créer une voiture bon marché. En 1934, sur ordre d'Adolf Hitler, Ferdinand présente le premier dessin de la légendaire Coccinelle. C'était censé être une voiture familiale bon marché, et Hitler l'a baptisée "la voiture du peuple". En 2003, lorsque sa production a été officiellement arrêtée, un total de plus de 21,5 millions d'exemplaires avaient été fabriqués. En 1973, un autre modèle très populaire a été présenté - la Passat. Juste après lui, la Golf a fait ses débuts. Il était censé répéter le succès de la Coccinelle, et il l'a fait. Le modèle jouit d'une grande popularité à ce jour, et la version GTI a été créée en 1982 et est considérée comme l'une des premières écoutilles chaudes. La préoccupation de Volkswagen comprend des marques telles que Audi, Skoda, Seat, Porsche, Lamborghini, Bugatti et Bentley.

Volkswagen Classic

Volvo

Marque suédoise de voitures, camions, engins de chantier et moteurs. Le nom de l'entreprise signifie "faire demi-tour" en suédois. Leur première voiture était l'ÖV4, dont la production a commencé en 1927. Les fondateurs voulaient que leurs véhicules soient de haute qualité et techniquement avancés. En 1966, le modèle 144 est créé, considéré comme la voiture la plus avancée technologiquement au monde. La voiture avait des zones de déformation, des freins à disque sur toutes les roues et des ceintures de sécurité sont apparues sur le siège arrière. En 1999, la moitié des droits de Volvo ont été repris par Ford, et après 11 ans, la société chinoise Geely est devenue le nouveau propriétaire de Volvo Car Corporation. Les modèles actuellement produits ont une lettre devant le numéro, qui indique le type de carrosserie du véhicule : C - cabriolet ou coupé ; S - berline; V - break; XC - modèle tout-terrain.

vérifiez également :

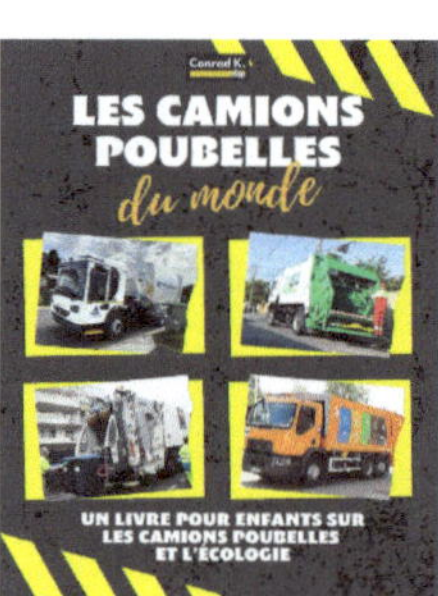

et beaucoup plus!